从汉字到大语文

主编：陈瑞

第七册

文化发展出版社
Cultural Development Press

中国·北京

目录

一百一十一

别在腰上向下垂

jīn

基本汉字中的第 111 个字

“昨日入城市，归来泪满巾”（宋·张俞《蚕妇》），描写了一位辛勤劳动的蚕妇的悲惨生活，从一个侧面揭示了封建社会的罪恶。其中的巾是一个象形字，读作 jīn。甲骨文、金文、小篆的字形像别在腰上的手巾下垂的样子。本义是佩巾，这个意义现在已经不常使用了。泛指用来擦拭的织物，如手巾、浴巾。“无为在歧路，儿女共沾巾”（唐·王勃《送杜少府之任蜀州》），诗人一反送别的悲伤，摆脱了儿女缠绵之状，劝告朋友分别时不要哭哭啼啼，而要心胸开阔，坦然面对。该诗拓宽和升华了前人送别诗的套路，成为千古传诵的名作。

古人为了避免头发散开，常常用巾把头发包裹起来，所以巾也可以指头巾。“锦里先生乌角巾，园收芋栗未全贫”（唐·杜甫《南邻》），“乌角巾”是古代用葛布制成的一种黑色有折角的头巾。“羽扇纶巾，谈笑间，樯橹灰飞烟灭”（宋·苏轼《念奴娇·赤壁怀古》），“纶巾”是一种用丝带编成的头巾，相传由诸葛亮所制，所以也称“诸葛巾”。

把○中的字填上，并说一说加拼音词的意思。

❶ 质地松软、用来擦脸和擦身体用的针织品。

❷ 穿在身上用来遮蔽身体和御寒的东西。

❸ 特指人的容貌。

❹ 颜色。

❺ 引导着前进；带头并使其他人跟着行动。

❻ 肌肉产生的效能。

❼ 团团围住使对方处于困境。

答案：巾、服、容、色、彩、带、力、氛、难、度

汉字乐园　与巾有关的汉字

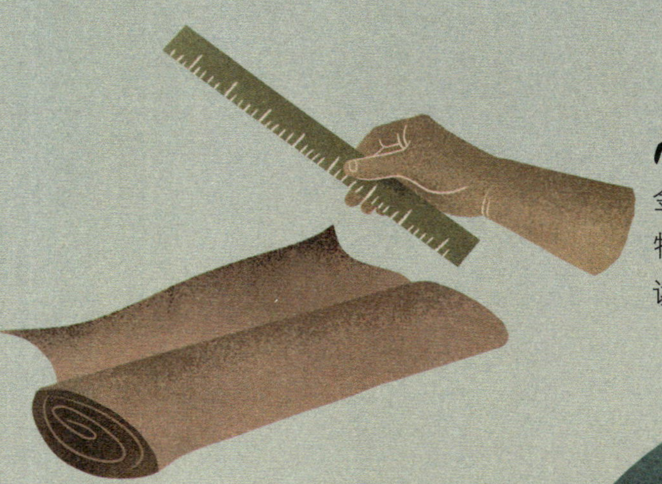

布

金文下面是巾（ ），表示与织物有关；上面是父（ ），表示读音。本义是麻、葛等织物。

帛

甲骨文像用白（ ）色的蚕丝纺织成的布巾（ ），白也表示读音。本义是丝织品。

幕

小篆上面是莫（ ），表示读音；下面是巾（ ），表示像用布巾一样可以覆盖。本义是用来遮盖的帷幔。

布

简牍文像针线交错（爻，用“爻”表示针线交错）的织物（巾，巾）。是“絺”的初文，本义是细葛布。

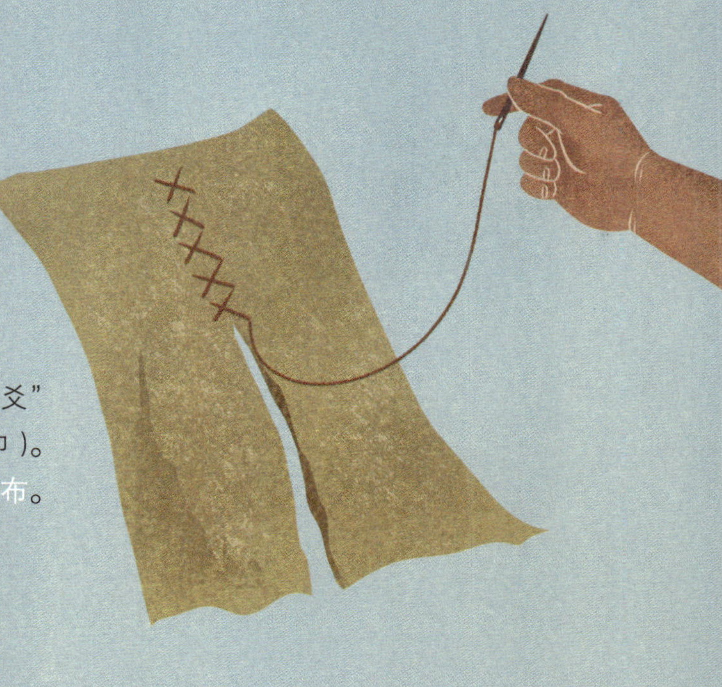

带（帶）

甲骨文像一条长长的袋子，金文中间的两条弧线像是腰带上的装饰。小篆下面用巾（巾）表示腰带的材质。本义为腰带。

帚 你会玩吗？

答案：甲骨文像一把笤帚，上部的帚苗是扫地的部分，下端是扫帚的把儿。金文的形体更像一把扫炕（床）的扫帚。小篆下面手可握的地方变成了“巾”字。本义是扫帚。

“巾帼”这个词与司马懿（yì）有关。

三国后期，蜀国丞相诸葛亮屯兵五丈原，准备攻打魏国。魏国主将司马懿暗地里谋划烧毁蜀军的粮草，以便动摇蜀军军心，结果却遭遇蜀军的埋伏，人马死伤一多半，于是司马懿只好紧闭城门，坚守不出。无论诸葛亮派人怎么挑战和辱骂，司马懿就是不迎战。为了激怒司马懿，诸葛亮让手下把“巾帼”装在一个大盒子里，写了一封讥讽、侮辱司马懿的信，派人送到魏军大营。司马懿看信后十分生气，表面上却装作什么事情都没有发生的样子，对左右说：“孔明把我看作女人了！”

这里的“巾帼”指古代妇女的头巾和发饰，泛指妇女。巾帼英雄指女中豪杰。

一百一十二

倒口一横在自语

jīn

基本汉字中的第 112 个字

甲骨文 1　甲骨文 2　 金文 1

金文 2　篆书　隶书　 楷书

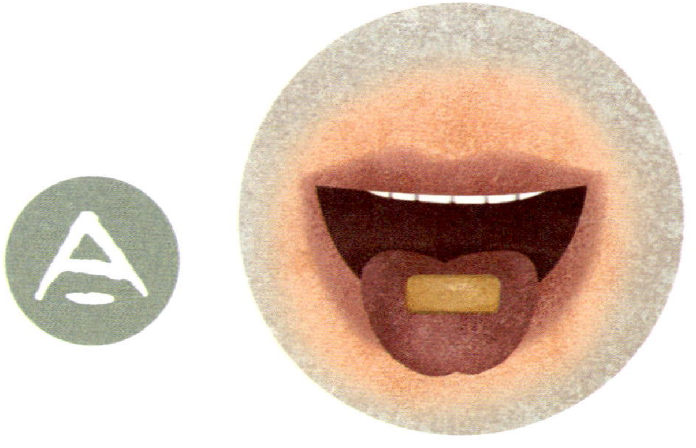

《登岳阳楼》是唐代大诗人杜甫的名作，“昔闻洞庭水，今上岳阳楼”两句，明确地交代了诗人的行踪：今天登上了岳阳楼。其中的今是一个指事字，读作jīn。甲骨文和金文在倒“口”的下面加了一短横，表示低头不说话的样子，本义是低头自言自语，这个意义后来写作“吟”。

引申为现在、当前，如今天、今晚。“今其室十无一焉”（唐·柳宗元《捕蛇者说》），说明了捕蛇这个职业的危险性，从事捕蛇职业的十个家庭今天剩不下一个家庭。“至今思项羽，不肯过江东”（宋·李清照《夏日绝句》）中的“至今”是到现在的意思。

十五夜望月

［唐］王建

中庭地白树栖鸦，冷露无声湿桂花。

今夜月明人尽望，不知秋思落谁家。

【作者】王建，字仲初，中唐诗人。他与张籍交往密切，乐府与张籍齐名，世称“张王乐府”。他的诗歌题材比较广泛，生活气息浓郁。

【译文】中秋的明月照得庭院的地面一片洁白，树上的鸦雀栖息了，清凉的露水悄悄地打湿了桂花。今夜的秋月洁白明亮，人们都在赏月，却不知道浓浓的秋思落在了谁家。

【鉴赏】这首诗描写了寂寞的中秋之夜，抒发了诗人望月怀人之情。诗的前两句写景，描写中秋月色：“地白”写出月光的皎洁，色彩清冷而素雅；聒（guō）噪的鸦雀安静下来，已经进入了梦乡，更加烘托出月夜的寂静无声；冷露轻盈无声，浸润着的桂花香气袭人。这里的桂花也可能指月中的桂树，暗写诗人中秋赏月，联想到月亮里广寒宫中的桂花、玉兔、嫦娥等。意境悠远，想象丰富。

中秋节是团圆节，人们常在中秋节思念远离的亲人。后两句，诗人采用疑问的语气，没有正面写自己思念亲人，而是推己及人，用委婉动人的语气写出了浓浓的思亲情怀：望月的众多人中，秋思最深的其实就是诗人“我”自己。着一“落”字，把秋思随着月光洒落人间的形象描绘得生动而有新意。

博士喵赏古诗

博士喵讲故事

“今雨新知”这个成语与唐代现实主义诗人杜甫有关。

杜甫在京城长安时，曾受到玄宗的赏识，一些逢迎拍马的人认为他的前途不可限量，所以争先恐后和他拉关系、交朋友。后来，杜甫官场失意，原来那些巴结讨好他的“朋友”和他断绝关系，不再与他来往。秋雨连绵的一天，正当诗人贫病交加之时，一位姓魏的朋友冒雨前来拜访，这使杜甫非常感动。于是他在《秋述》的序言中写道：“秋，杜子病卧长安旅次，多雨生鱼……常时高车之客，旧雨来，今雨不来……”

后用“今雨新知”指新结交的朋友。

一百一十三

矿砂提炼的物质

jīn

基本汉字中的第 113 个字

金文　篆书　隶书　楷书

“冲天香阵透长安，满城尽带黄金甲”是唐代农民起义领袖黄巢《不第后赋菊》中的诗句，生动地描写了菊花开遍京城长安的景象。其中的金是一个形声字，读作 jīn，本义是金属，如五金、金文、金戈铁马。“众口铄金，积毁销骨”是一句俗语，说的是舆论的作用非常大，大到能置人于死地的地步。“黄沙百战穿金甲，不破楼兰终不还”（唐·王昌龄《从军行》），表达了保卫边疆的将士在艰苦的环境中，勇往直前夺取胜利的英雄气概。

金也特指黄金，如金条、金砖、金子。“烽火连三月，家书抵万金”（唐·杜甫《春望》），描写了在战争年代，一封家书抵得上一万两黄金。诗人运用借喻和夸张的修辞手法，生动形象地把诗人希望得到家人消息的迫切心情表现了出来。

稚子弄冰

［宋］杨万里

稚子金盆脱晓冰，彩丝穿取当银钲。
敲成玉磬穿林响，忽作玻璃碎地声。

【作者】杨万里，号诚斋，南宋著名诗人，与尤袤（mào）、范成大、陆游号称“中兴四大诗人”。他的诗歌开始模仿江西诗派，后学习王安石等人，最后自成一家，人称“诚斋体”。

【译文】小孩儿早晨起来，从结冰的铜盆里挖取冰块儿玩，用彩线穿起来当作银锣敲打。像玉磬（qìng）一样清脆的声音，穿过了树林；忽然又发出玉石破碎的声音，原来是冰块掉落在地上。

【鉴赏】诗的题目明确指出主人公是“稚子”，围绕“弄”字来写，突出了儿童“稚”的特点。

孩子是如何弄冰的呢？寒冷的冬天，水盆里冻结的冰块成为孩子的新玩具。他把冰块当作乐器敲敲打打，玩着玩着，一不小心，冰块掉在地上，碎了。诗中的“金盆”“彩丝”“银铮”“玉磬”，色彩明丽，赏心悦目。诗人运用比喻的修辞手法，把冰块比作银铮，使单调的敲击声在孩子的耳朵中也分外动听，写出了儿童的童心，充满了童趣。诗中的“玻璃”是古代的一种玉石，和现代的玻璃不是同一种物质。诗人用老年人的眼光发现孩子的童趣，感受孩子的稚气天真，充满了生活的乐趣。

博士喵
赏古诗

中国历史上曾用金属锻造货币，春秋战国时期的刀币、铲币和圆钱，秦代的半两、汉代的五铢钱，唐代的开元通宝等，都是用金属锻造的。后来，用“金”代指货币、钱。

工资表上把字签。

（打一带“金”字的成语）

谜底：金榜题名

“千金市骨”是一个成语，出自《战国策·燕策一》。

从前，有个国王想用一千金购买一匹千里马，告示贴出去三年了却一无所获。国王身边的一位大臣自告奋勇说他可以办到这件事情。于是，国王就把这个任务交给他。他不辞辛苦，花费了三个月时间，终于找到了一匹千里马。当他要前去购买的时候，这匹千里马却死了。这位大臣一点也不着急，而是出人意料地花了五百金把死马的骨头买了回来。国王听到后呵斥他说：“我要的是活马，你为什么要花五百金买匹死马呢？”这位大臣耐心地解释说：“国王息怒。您想想，一匹死马您都愿意花高价购买，更何况活马呢？如果人们知道您是真心实意想买千里马，这样一来，一定会有人亲自上门献马来的。”

果不其然，不出一年，主动上门献马的就有三个人。

“千金市骨”原来的意思是花费千金，买千里马的骨头。后比喻诚恳而急切地招揽人才。

一百一十四

向前或向上移动

jìn

基本汉字中的第 114 个字

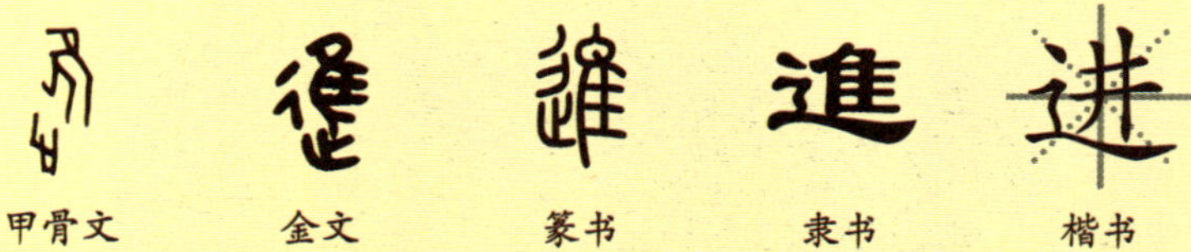

“落景下高堂，进舟泛回溪”是唐代诗人杜甫《泛溪》中的诗句，描写了诗人在夕阳西下时，泛舟回溪之上。其中的进是一个会意字，读作 jìn，繁体写作進。甲骨文的上面是“隹（ zhuī，短尾鸟）”，左下方是一个“止（ ，脚趾头，后写作‘趾’）”字，因为鸟儿只能向前或向上飞翔，所以“进”的本义是向前或向上移动，如前进、知难而进、循序渐进。“莫如以吾所长，攻敌所短，操刀挟盾，猱（náo）进鸷（zhì）击，或能免乎？”（清·徐珂《清稗类钞》），“猱进鸷击”的意思是像猱一样前进，像鸷一样出击。

进用在一些动词的后面，作补语，表示从外到里，如买进、开进、引进人才。进还可以引申为奉上、呈上，如进贡、进呈、进献。如果把食物或水送入口中，就是吃、喝，如进食、滴水未进。如果用于财物方面，可以引申为收入、买入，如进货、进项、日进斗金。

在狱咏蝉

［唐］骆宾王

西陆蝉声唱，南冠客思深。
不堪玄鬓影，来对白头吟。
露重飞难**进**，风多响易沉。
无人信高洁，谁为表予心。

【作者】骆宾王（约626—约684），唐婺（wù）州义乌（今浙江义乌市）人。唐代文学家。与王勃、杨炯、卢照邻齐名，被称为“初唐四杰”。684年，徐敬业在扬州起兵讨伐武则天，骆宾王作讨武檄（xí）文。讨武兵败后，骆宾王下落不明。

【译文】深秋的蝉儿在哀婉地鸣叫，作为囚徒的我，不由得生发出一阵阵悲哀。我才四十岁不到，却已是满头白发，哪里还经得起如黑发一般的蝉儿哀鸣的侵袭。秋天的露水既浓又重，蝉儿展翅也很难高飞，瑟瑟的寒风，轻而易举地把蝉声淹没。虽然我像蝉儿一样居高食洁，又有谁能够相信我的清白呢？

博士喵
赏古诗

说一说加拼音成语的意思。

❶ 前进、后退都困难。指处境困难，左右为难。
❷ 去向不清楚。
❸ 明明知道，还故意发问。
❹ 当前事务中最急切要办的事情。
❺ 形容数量非常大。
❻ 形容路途遥远艰辛。
❼ 形容临事镇静，不慌不忙。

击鼓鸣金两山间。

（打一带“进”字的成语）

谜底：进退维谷

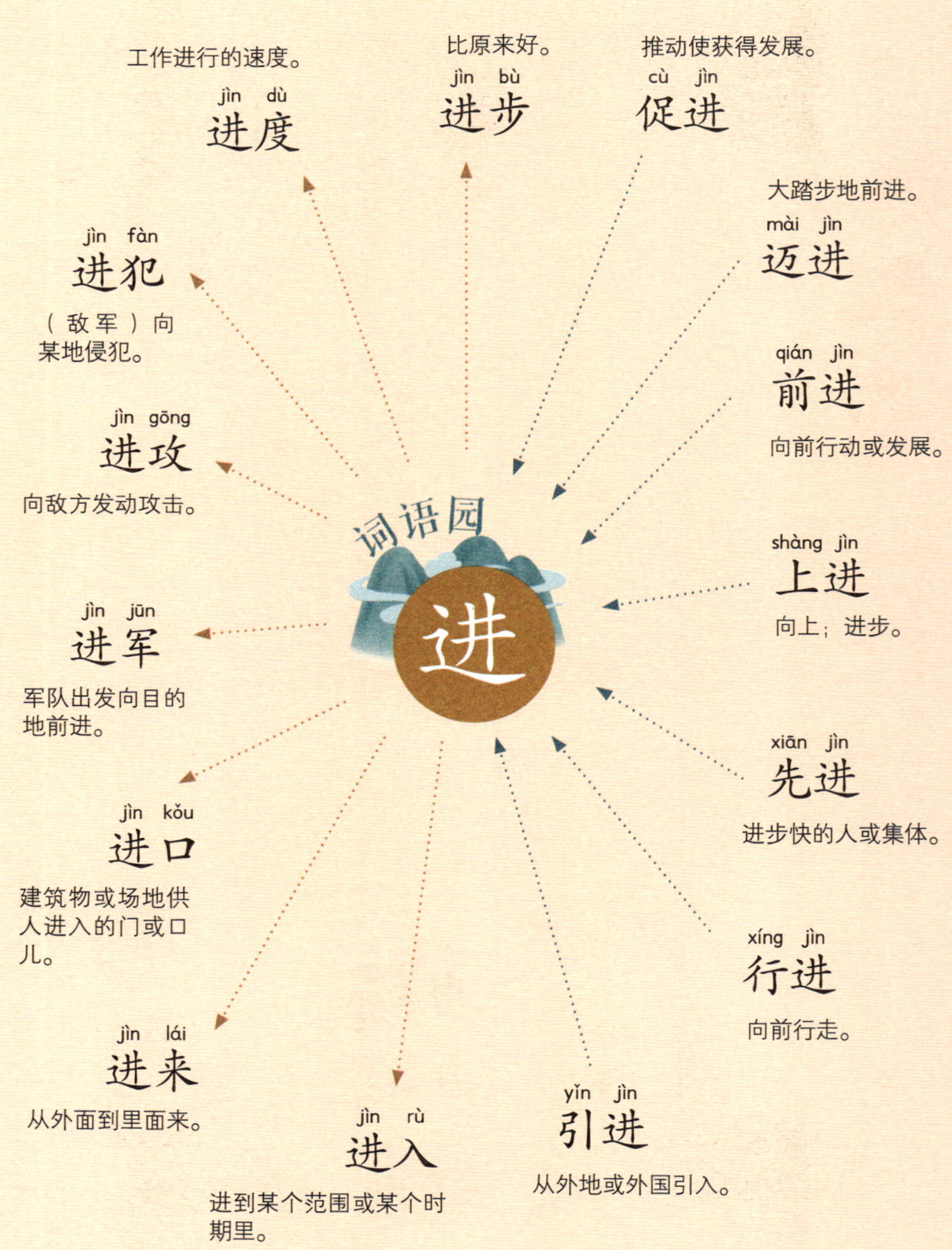

词语园
进
工作进行的速度。
jìn dù
进度
比原来好。
jìn bù
进步
推动使获得发展。
cù jìn
促进
大踏步地前进。
mài jìn
迈进
jìn fàn
进犯
（敌军）向某地侵犯。
qián jìn
前进
向前行动或发展。
jìn gōng
进攻
向敌方发动攻击。
shàng jìn
上进
向上；进步。
jìn jūn
进军
军队出发向目的地前进。
xiān jìn
先进
进步快的人或集体。
jìn kǒu
进口
建筑物或场地供人进入的门或口儿。
xíng jìn
行进
向前行走。
jìn lái
进来
从外面到里面来。
yǐn jìn
引进
从外地或外国引入。
jìn rù
进入
进到某个范围或某个时期里。

“得寸进尺”说的是战国末期的事情。

当时天下大乱，群雄争霸，经过商鞅（yāng）变法逐渐强大起来的秦昭（zhāo）王开始图谋吞并六国，一统天下。秦昭王准备让军队越过韩、魏两国攻打齐国，谋士范雎（jū）认为这种想法不可行。他劝阻秦王说：“现在齐国势大力强，离秦国又远；秦国攻打齐国，军队必须经过韩、魏两国。如果出兵过少，很难取胜；出兵过多，又会损伤国力。不如采取‘远交近攻’的策略。”“得寸则王之寸，得尺亦王之尺也。”意思是说，进攻所得到的土地，每一寸、每一尺都掌握在秦国手中。秦昭王听取了范雎的建议，最终为秦国的统一大业奠定了基础。

原指得到一寸还想再得到一尺，后比喻人贪得无厌。

一百一十五

人工筑的高土堆

jīng

基本汉字中的第 115 个字

甲骨文 1

甲骨文 2

金文 1

金文 2

篆书

隶书

楷书

京是一个象形字，读作 jīng。甲骨文和金文的字形都像筑起的高高的土丘上面有一座亭子的形状，相当于后来建在高处的瞭望哨。本义是人工筑起的高土堆，如“于堑里筑京，皆高五六丈”（《三国志·公孙瓒传》），这个意义现在已经不再使用了。常用的是引申义国都、首都，如京畿（jī）、京华烟云。“故人京洛满，何日复同游？”（唐·张谓《同王徵君湘中有怀》），“天宝胡兵陷两京，北庭安西无汉营”（宋·陆游《五月十一日夜且半梦从大驾亲征尽复汉唐故地》），以上诗句中的“京”都当首都讲。

京也可以用在地名中，如镐京、京口。

泊船瓜洲

［宋］王安石

京口瓜洲一水间，钟山只隔数重山。

春风又绿江南岸，明月何时照我还。

【译文】京口和瓜洲被江水隔开，钟山只不过隔了几重山而已。春风又吹绿了长江以南的大地，这轮明月什么时候才能照着我回到故乡？

【鉴赏】这首诗是王安石赴京上任，经过瓜洲渡口（在今江苏扬州市）时写的。当时，诗人被贬后再次被朝廷起用。诗人通过描写京口（今江苏镇江）和瓜洲之间距离短、船行快，不由得流露出轻松愉悦的心情。但是一想到要离开家园，诗人又感到依依不舍。

前两句点明了诗人所处的地理位置。京口与瓜洲渡口只隔着一条长江，瓜洲渡口与钟山之间也只隔着几座山。钟山就是南京的紫金山，是王安石的居住之地。“一水间”和“数重山”，说明此地离他家不远，也暗示了诗人归心似箭的心情。可是诗人重任在身，马上要进京赴任，面对着长江对岸的家乡，也只能依依惜别了。

后两句是千古名句。明月什么时候才能照着我回到江南的老家呢？一个“绿”字写出了春天到来后，千里江南一片新绿的景物变化，不但体现了色彩美，而且蕴含着春回大地万物勃发的形象感。诗人站在岸边，久久眺望，不知不觉间明月已经挂在天边，自然而然，面对明月，诗人不禁发出了疑问，进一步表达了他的思乡之情。

把○中的字填上，并说一说加拼音词语的意思。

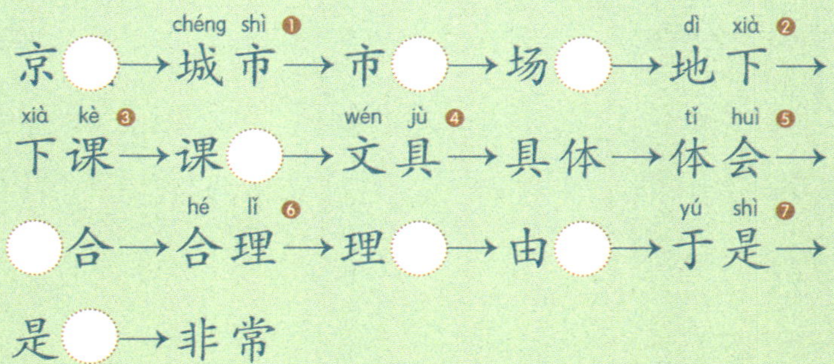

❶ 人口集中、工商业发达、居民以非农业人口为主的地区。
❷ 地面之下。
❸ 上课时间结束。
❹ 笔、墨、纸、砚等用品的总称。
❺ 体验领会。
❻ 合乎道理或事理。
❼ 连词，表示后一事情紧接着前一事情。

答案：城、场、地、文、会、由、于、非

“京兆画眉”说的是西汉张敞的故事。

张敞担任京兆尹，负责京城及其周边的事务。张敞不仅为官清廉，而且很爱他的夫人。据说他每天上朝前都要为夫人描画眉毛，他画的眉毛不仅漂亮而且好看，京城的妇人都争相仿效。朝廷有人诬陷张敞，说张敞不务正业。汉宣帝特意召见他们夫妻二人，询问其中的缘故，张敞说："闺房之事是夫妻私事，比画眉有过之而无不及也。"于是皇帝把他们树立为恩爱夫妻的典范。

后用“京兆画眉”指夫妻恩爱。

一百一十六

织布机上的竖纱

jīng

经

基本汉字中的第 116 个字

經 金文　經 篆书　經 隶书　经 楷书

经是一个形声字，读作 jīng，繁体写作經，本义是织布机上的竖纱或编织物的纵线，经线，和“纬”相对，如经纬、经纱。“经正而后纬成”（南朝梁 · 刘勰《文心雕龙》），意思是说，织布的时候，经线排正之后，纬线才能够编织。

因为经线要与纬线穿插交织，所以引申为通过，经历过，表示动作已经完成，如已经、经手、身经百战、经久不息。“经行几处江山改，多少亲朋尽白头”（宋 · 辛弃疾《鹧鸪天》），诗人直截了当，点明了发愁的原因——“江山改”。联想到写作背景，就不难理解作者白头的原因：面对外敌入侵，北宋河山尽失，作者和亲朋好友为了收复失地，不断奋斗，以至于白了头。

织布机上的纵线非常重要，横线要来回穿插它才能织出布来，用“经”可以比喻作为人们思想、道德、行为等标准的书，如《诗经》、佛经、四书五经、离经叛道。“辛苦遭逢起一经，干戈寥落四周星”（宋 · 文天祥《过零丁洋》），这里的“经”指的是科举考试的经书。

词语园

经

经济学上指社会物质生产和再生产的活动。

jīng jì
经济

jīng shòu
经受 承受；禁受。

表示动作、变化完成或达到某种程度。

yǐ jīng
已经

通过（处所、时间、动作等）。

jīng guò
经过

指传统的具有权威性的著作。

jīng diǎn
经典

表示从前有过某种行为或情况。

céng jīng
曾经

jīng cháng
经常

平常；日常。

lì jīng
历经 经过。

jīng lǐ
经理

企业中负责经营管理的人。

zhèng jing
正经 行为正派。

jīng lì
经历

亲身见过、做过或经受过的事。

jīng yíng
经营

筹划并管理（企业等）。

jīng fèi
经费

（机关、学校等）供日常支出的费用。

一百一十七

胳膊肘变八加一

基本汉字中的第 117 个字

甲骨文 1　甲骨文 2　金文 1

金文 2　篆书　隶书　楷书

“死去元知万事空，但悲不见九州同”是宋代诗人陆游《示儿》中的诗句，形象地表现了诗人统一祖国的强烈愿望。其中的**九**是一个象形字，读作 jiǔ。甲骨文、金文像人的胳膊肘的样子，后来这个意义写作“肘”。假借为数字，表示八加一的和，在票据上常用大写“玖”来替代，如九州、九十九、九五之尊、三教九流。“岐王宅里寻常见，崔九堂前几度闻”（唐·杜甫《江南逢李龟年》），这里的“崔九”指的是在崔家排行老九。

山村咏怀

［宋］邵雍

一去二三里，烟村四五家。

亭台六七座，八九十枝花。

博士喵 赏古诗

【作者】邵雍（shào yōng，1011—1077），字尧夫，谥（shì）康节，北宋著名理学家、诗人。与周敦颐（yí）、张载、程颢（hào）、程颐并称“北宋五子”。

【译文】不知不觉中，（我）离家二三里地远了，只看见轻雾笼罩着的四五户人家。路边建有六七座亭台楼阁，旁边绽放着八九十枝鲜花。

因为九是十进制个位数中的最大数，所以用九泛指多次或多数，如九死一生、九霄云外。“飞流直下三千尺，疑是银河落九天”（唐·李白《望庐山瀑布》），“九曲黄河万里沙，浪淘风簸自天涯”（唐·刘禹锡《浪淘沙》其一），以上诗句中的“九”都泛指多。

四五个丑角。

（打一带“九”字的成语）

谜底：九牛一毛

你知道"九九歌"吗？

"一九二九不出手，三九四九冰上走，五九六九，沿河望柳，七九河开，八九燕来，九九加一九，耕牛遍地走。"形象生动地记录了冬至到第二年春分之间的气候和物候的变化。

说一说加拼音成语的意思。

九死一生→生龙活虎（shēng lóng huó hǔ）❶→虎口拔牙→

牙牙学语（yá yá xué yǔ）❷→语重心长→长治久安（cháng zhì jiǔ ān）❸→

安家落户（ān jiā luò hù）❹→户限为穿→穿云裂石→

时不再来→来历不明（lái lì bù míng）❺→明争暗斗（míng zhēng àn dòu）❻→

斗志昂扬→扬眉吐气（yáng méi tǔ qì）❼→气象万千→

千军万马（qiān jūn wàn mǎ）❽→马到成功

❶ 形容充满活力。
❷ 形容婴儿学着说话。
❸ 国家长期太平，永久安宁。
❹ 安置下来，长期住下去。
❺ 指人或事物的由来或背景不清楚。
❻ 表面上、暗地里都进行争斗。形容尽力争权夺利。
❼ 形容心情畅快的样子。
❽ 形容兵马众多，队伍庞大。

九方皋（gāo）是秦代著名的相（xiàng）马师。

有一天，秦穆公召见年迈力衰的相马师伯乐，让他推荐一名优秀的相马师，伯乐推荐了九方皋。九方皋费了九牛二虎之力，才找到一匹千里马。秦穆公问九方皋马是什么颜色，九方皋说是“黄色”；秦穆公又问马是母的还是公的，九方皋说是“公的”。秦穆公让人把马牵到面前一看，原来是一匹黑色的母马。秦穆公非常失望，向伯乐抱怨起来，伯乐回答说：“九方皋相马，注重的是马的内在精神和气质，而忽视了马的皮毛和外貌。”

秦穆公觉得伯乐说得有道理，让手下骑上那匹马试了一试，果然是一匹千里马。

一百一十八

迈腿走到高处去

jiù

基本汉字中的第 118 个字

甲骨文　篆书　隶书　楷书

就是一个会意字，读作 jiù，本义指到高处去。现在本义已经不常使用了。泛指趋向、靠近，如避重就轻、就着灯看书。

从事的某项工作结束后，有的事情可以成功、完成，如成就、造就、一挥而就、功成名就。“四张机，鸳鸯织就欲双飞”（宋·无名氏《九张机》），“织就”就是把鸳鸯图案织完的意思。

如果事情不太成功，或者成功的可能性太小，就可以表示只、仅仅，如全班就他一个人不及格。

过故人庄

［唐］孟浩然

故人具鸡黍，邀我至田家。
绿树村边合，青山郭外斜。
开轩面场圃，把酒话桑麻。
待到重阳日，还来就菊花。

【译文】老朋友预备了丰盛的饭菜，邀请我到他家做客。翠绿的树林围绕着村落，苍青的山峦横卧在城外。推开窗户面对谷场菜园，手举酒杯闲谈庄稼生长的情况。等到九九重阳节到来时，我还会来这里观赏菊花。

“行将就木”是一个成语故事，指人的寿命已经不长（cháng）了。

春秋时期，晋献公在骊（lì）姬的挑拨下，逼死了太子申生，公子重耳逃到狄国，娶季隗（wěi）为妻。晋献公去世后，晋惠公继承了王位。晋惠公害怕重耳从狄国回来争夺王位，于是派人到狄国刺杀重耳，重耳只得再次逃亡。临行前，重耳对妻子季隗说：“我准备逃到齐国，你留在这里等我二十五年；如果到时候我还没有回来，你就嫁人吧。”季隗说：“我现在已经二十五岁了，再过二十五年，‘行将就木’，还嫁什么人呀。”

八年以后，重耳借助秦国的力量回到晋国继承了王位，这就是晋文公。

一百一十九

战车围成的营垒

军

基本汉字中的第 119 个字

甲骨文　篆书　隶书　楷书

军是一个会意字，读作 jūn，繁体写作軍，古代作战要使用战车，驻扎安营的时候为了防止敌人偷袭，就用战车把士兵围在一起形成一个坚固的营垒。本义是驻扎，用作动词，如军细柳、“沛公军霸上，未得与项羽相见”（汉·司马迁《史记·项羽本纪》），“军细柳”就是驻扎在细柳这个地方，“军霸上”就是驻扎在霸上。

军用作名词，可以指营垒，引申为阵地。“战士军前半死生，美人帐下犹歌舞”（唐·高适《燕歌行》），说的是战士们出生入死，在阵地上拼命杀敌；而将军们却逍遥自在、醉生梦死，在营帐中欣赏美人的歌舞。

如今常用的是引申义武装部队，如军队、军威、从军、溃不成军。军后特指军队的编制单位，“师”的上一级，如军长。“三军可夺帅也，匹夫不可夺志也”（《论语·子罕》），这里的“军”指军队的编制单位，古制 12500 人为军。也指军事将领的统称，“林暗草惊风，将军夜引弓”（唐·卢纶《塞下曲》其二），“风劲角弓鸣，将军猎渭城”（唐·王维《观猎》），这里的将军指高级武将。

远看像篷车，近看是部队。
既能御外侵，又能保国内。

谜底：军

词语园

军

jūn guān
军官
对被授予尉官以上军衔的军人的称呼。

jūn duì
军队
由军人组成的、为政治目的服务的武装组织。

jiāng jūn
将军
泛指高级将领。

jūn jiàn
军舰
有武器装备能执行作战任务的军用舰艇的统称。

cān jūn
参军
参加军队。

jūn rén
军人
服兵役的人。

cóng jūn
从军
参军。

jūn yòng
军用
军事上使用的。

guàn jūn
冠军
体育运动等竞赛中的第一名。

jūn shì
军事
与军队或战争有关的事情。

jìn jūn
进军
军队出发向目的地前进。

xíng jūn
行军
军队进行训练或执行任务时从一个地点走到另一个地点。

一百二十

伸出两手启门闩

kāi

开

基本汉字中的第 120 个字

篆书 隶书 楷书

开是一个会意字，读作kāi，繁体写作開。《说文》中的“”由三部分组成：两边是两扇门（），中间一横是一个门闩（），下面是一双手（），表示用两只手把门闩取下，然后把门打开。本义是开门，如开城。“开我东阁门，坐我西阁床”（北朝民歌《木兰诗》）中的“开”就是打开的意思。

泛指把关闭的东西打开，如开启、网开一面、“旁开小窗，左右各四，共八扇”〔明·魏学洢(yī)《核舟记》〕。“应怜屐（jī）齿印苍苔，小扣柴扉久不开”（宋·叶绍翁《游园不值》），“小扣柴扉久不开”意思就是轻轻地敲了很久门都没有打开。

开又可以引申指舒展、舒张，如展开、开放、旗开得胜、眉开眼笑。“解落三秋叶，能开二月花”（唐·李峤《风》），说的是风能使二月的花骨朵开放。

开用于抽象意义，引申指起始，如开始、开创、开学、开山鼻祖。用于一般意义，指打通，挖掘，如开辟、开通、开采。“天门中断楚江开，碧水东流至此回”（唐·李白《望天门山》），形象地描绘了天门山的险峻奇观以及奔涌浩荡的江水。

梅 花

［宋］王安石

墙角数枝梅，凌寒独自开。
遥知不是雪，为有暗香来。

【译文】墙角栽种的几枝梅花，冒着严寒独自绽放。远远地就知道那不是雪花，因为有缕缕的幽香飘过来。

【鉴赏】这是一首赞美梅花的诗，字里行间表现了诗人对梅花的热爱之情。前两句短短十字，勾勒出一幅春雪寒梅图：墙角的几枝梅花不畏严寒独自盛开。“墙角”一词突出了梅花的低调与生长环境的简陋，暗示出诗人身处环境的恶劣。“凌”字写出了梅花不畏严寒的品质；“独”字写出了梅花的孤傲与高洁，同时表现了诗人坚持自我的刚强精神。

后两句写出了梅花洁白无瑕、清香扑鼻的特点：为何远望就知道是洁白的梅花而不是雪呢？因为有淡淡的幽香飘过来。一个“遥”字照应了上句中的“独自开”，又与下句中的“暗香来”相关联。

博士喵赏古诗

总的来讲，诗人通过对梅花不畏严寒、品行高洁的赞美，来勉励自己树立在逆境中战胜困难的决心。

词语园

开

kāi huì
开会
若干人聚在一起议事、联欢或听报告等。

dǎ kāi
打开
揭开；拉开；解开。

kāi fā
开发
开采发掘自然资源。

lí kāi
离开
跟人或事物、地方分开。

kāi shǐ
开始
开始的阶段。

shèng kāi
盛开
（花）开得茂盛。

kāi fàng
开放
（花）绽放。

gōng kāi
公开
不加隐蔽。

kāi huā
开花
花蕾开放。

zhǎn kāi
展开
张开；铺开；伸展。

kāi chē
开车
驾驶机动车。

zhào kāi
召开
召集人们开会；举行（会议）。

kāi tóu
开头
开始的一段或部分。

kāi xué
开学
学期开始。

kāi chuàng
开创
开始建立；创建。

kāi zhāng
开张
商店等设立或开始营业。

kāi xīn
开心
心情快乐舒畅。

博士喵讲故事

“开卷有益”指打开书本就会有所受益，后形容读书有好处。

宋朝开国皇帝宋太祖赵匡胤（yìn）推行以文治天下，实行“扬文抑武”的国策，通过完善科举制度、设立殿试等一系列措施，扭转了唐末以来武夫专权的黑暗统治，使得宋朝的文化达到了一个新高度。宋太祖赵匡胤注意收集各国遗留下来的图书。宋太宗赵光义更是热爱读书，每天都要阅读三卷《太平御览》，有时因为国事繁忙耽误了读书，他也要抽出时间补上。他曾经说：“开卷有益，朕不以为劳也。”意思是说，只要打开书本，总会有好处的，我从来没有觉得读书有什么辛苦的。

夜深了，大门（）已经关（小篆）上了。一个女（）子在灯下安静地缝衣（）服。外面传来了犬（）吠声，她把耳（）朵贴在门上仔细听（）了听。原来是她的丈夫（）回家（）了，她给丈夫把门打开（小篆）。

汉字画

夜深了

听 夫

家 开

一百二十一

手搭额头向远望

kàn/kān

基本汉字中的第 121 个字

看 看 看

篆书 隶书 楷书

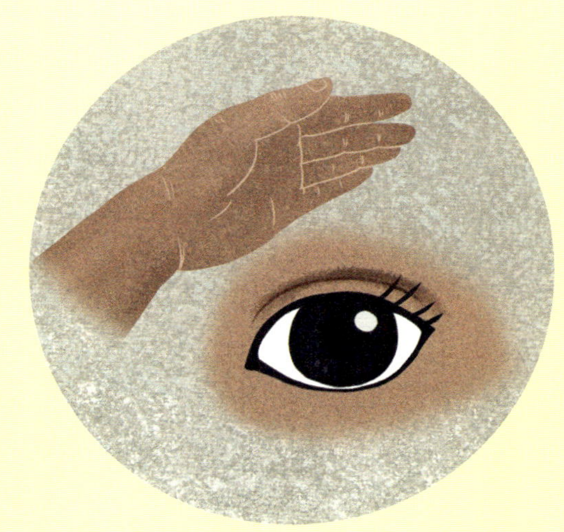

看是一个会意字，读作 kàn。上面是一只“手”的形状，下面是一个“目”，表示眼睛，意思是人用手遮住眼睛向远处瞧望。本义是把手搭在额头上遮住光线向远处望。这个意义现在已经不再使用了。泛指使视线接触人或物，如看妈妈、看比赛。“天街小雨润如酥，草色遥看近却无”（唐·韩愈《早春呈水部张十八员外》其一），其中的“遥看”就是远远地望。

看可以当作照料讲，如看门，张叔叔看几台机器。这个意义读作 kān。

独坐敬亭山

［唐］李白

众鸟高飞尽，孤云独去闲。

相看两不厌，只有敬亭山。

【译文】所有的鸟儿都飞走了，一片白云独自在天空飘来飘去。不知厌倦地相互看着的，只有我和面前的敬亭山。

【鉴赏】敬亭山在今安徽省宣城市北，李白曾多次到宣城游历，他的很多诗都描写过敬亭山。这首诗表面写诗人独游敬亭山的情趣，实际上表达了诗人长期漂泊的孤独失意和对现实的不满。

一、二句表面上写眼中景，实则是写心中情。诗人独自一人来到敬亭山，看到成群的鸟儿高飞远去，消失在天际；天上剩下的那朵孤零零的白云，也慢慢地飘远了。空旷的天地间似乎只剩下形单影只的诗人和默默无语的敬亭山，寂寞之情油然而生。这两句以动衬静，写出了环境的清幽和冷静，勾勒出诗人“独坐”出神的形象。

三、四句运用拟人的修辞手法，写诗人独自伫立在山顶，和敬亭山你看着我，我看着你，互相欣赏，两不相厌。诗人在现实社会中遭到冷遇，处境凄凉，也只有在对山川景物的观赏中才能得到一丝慰藉。

“刮目相看”说的是吕蒙的故事。

吕蒙小时候家里非常穷，经常受人接济，没有读书的机会。后来吕蒙做了东吴的偏将军，担任浔阳（xún yáng，今江西九江）县令。孙权劝他多读书。于是吕蒙发奋苦读，进步非常快。

有一次，鲁肃经过浔阳，和吕蒙一起谈论国家大事，不由得吃了一惊，说:“你现在的才略，再也不是以前吴下的那个阿蒙了。”吕蒙自豪地回答:“士别三日，当刮目相看。”

“刮目相看”原指擦亮眼睛去看，后比喻抛弃老看法，用新眼光看待人或事。

一百二十二

张口唱歌也允许

kě

可

基本汉字中的第 122 个字

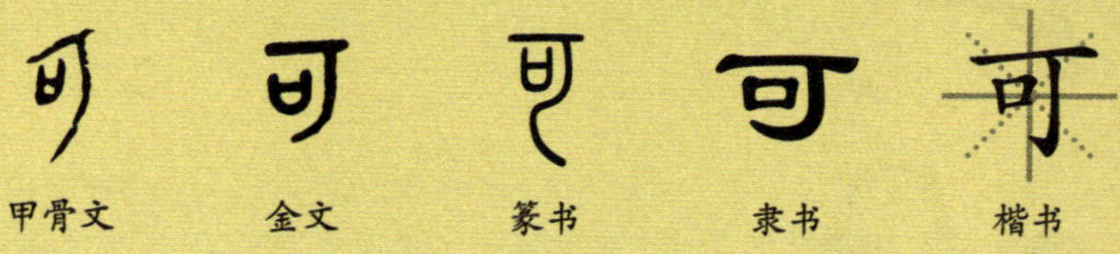

甲骨文　金文　篆书　隶书　楷书

可是一个会意字，读作kě，本义是唱歌，后来这个意义写作“歌”。这个意义现在不再使用了，常用的是允许、答应的意思，读作kě，如许可、认可、不置可否。

可又表示能够，当可以讲，如可靠、可行、可大可小、牢不可破。“危楼高百尺，手可摘星辰”（唐·李白《夜宿山寺》），“随意春芳歇，王孙自可留”（唐·王维《山居秋暝》），“此情可待成追忆，只是当时已惘然”（唐·李商隐《锦瑟》），以上诗句中的“可”都当可以讲。“此人可就见，不可屈致也”（西晋·陈寿《隆中对》），说明了刘备对诸葛亮的重视，其中的“可”也当可以讲。

江南

［汉乐府］

江南可采莲，莲叶何田田。
鱼戏莲叶间。鱼戏莲叶东，
鱼戏莲叶西，鱼戏莲叶南，
鱼戏莲叶北。

【作者】汉乐府原是两汉时期官方设置的音乐机关，魏晋六朝把乐府所唱的汉人原叫“歌诗”的诗也叫“乐府”，于是“乐府”便由音乐机关名称变成一种带有音乐性的诗体名称。有名的汉乐府除了《江南》外，还有《陌上桑》《长歌行》等。

【译文】江南水乡可以采莲，碧绿的莲叶多么茂盛。欢乐的鱼儿在莲叶间穿梭嬉（xī）戏。鱼儿一会儿在莲叶东边嬉戏，一会儿在莲叶西边嬉戏，一会儿在莲叶南边嬉戏，一会儿在莲叶北边嬉戏。

【鉴赏】每到夏末秋初，莲叶茂盛，莲蓬结满莲子，江南儿女们便三五成群去采摘莲蓬。她们一边劳动，一边唱歌。

博士喵 赏古诗

这首诗以轻松的笔调、质朴的语言，生动地描绘了江南水乡儿女们的采莲场面。诗人近看莲塘：绿色的莲叶重重叠叠，连成一片。一阵风吹来，莲叶随风摇摆；水中鱼儿在莲叶间嬉戏，一会儿游到东，一会儿游到西，一会儿游到南，一会儿又游到了北，十分自由快活。

整首诗展现了一幅碧绿无边、生机勃勃的生动景象，让读者感受到了采莲人的欢快心情。

有水流成河，来人问如何。
头顶大得奇，结伴就称哥。

谜底：可

“朽木不可雕”说的是孔子弟子宰予的故事。

有一次，宰予大白天睡觉，孔子看到他把大好时光白白浪费后非常痛心，于是说：“朽木不可雕也，粪土之墙不可圬（wū）也！”意思是说，腐烂的木头不能用作雕刻的材料，用粪土筑成的墙没有办法粉刷。这里，孔子把宰予比作腐烂的木头，所以对待白天睡觉的宰予，孔子没有什么好责备的。

宰予听到后发奋苦读，最终成为“孔门十哲”之一。

一百二十三

或说或写来考试

kè

课

基本汉字中的第 123 个字

課　課　课

篆书　隶书　楷书

无论是小学生，还是大学生，每天都要上课做作业，“上课”中的**课**是一个形声字，读作 kè，繁体写作課，本义是考核、考试。“有官而无课，是无官也；有课而无赏罚，是无课也”（宋·苏洵《上皇帝书》），意思是说，如果有官员而没有考核，与没有官员是一样的；如果有考核而没有奖罚，与没有考核也是一样的，由此说明了考核的重要性。后来这个意义不再使用了，常用的是引申义，指教学的科目，如课程、课本、专业课。

具体指按照规定的内容分段教学或学习，如授课、上课。“从容朝课毕，方与客相见”（唐·白居易《朝课》），说的是诗人白居易不慌不忙地做完早课，才出来与客人见面。

课也指教学上的一个阶段，如课间操、今天有五节课。

词语园
课
教科书中与注释和习题相区别的正文。
kè wén
课文
教师给学生布置的作业。
gōng kè
功课
放在教室里供学生上课用的书桌。
kè zhuō
课桌
kuàng kè
旷课
（学生）不请假而缺课。
教科书。
kè běn
课本
jiǎng kè
讲课
讲授功课。
kè chéng
课程
学校教学的科目和进程。
shàng kè
上课
教师讲课或学生听课。
kè jiān
课间
两节课之间的休息时间。
xià kè
下课
上课时间结束。
kè táng
课堂
泛指进行各种教学活动的场所。
kè tí
课题
研究或讨论的主要问题。

一百二十四

方方正正像嘴形

kǒu

基本汉字中的第 124 个字

“指如削葱根，口如含朱丹”是汉乐府《孔雀东南飞》中的名句，用来描写手指纤细、貌美如花的刘兰芝。其中的**口**是一个象形字，读作kǒu。甲骨文、金文、小篆都像人的嘴巴，本义是人的嘴巴，如口齿、口才、口干舌燥。“意欲捕鸣蝉，忽然闭口立”（清·袁枚《所见》），把牧童发现鸣蝉时的喜悦心情和机警的性格淋漓尽致地表现了出来，其中的“口”就是嘴巴。

后来，口的意义不断扩大，可以指动物发声、进食的器官，如虎口余生，才出狼口、又入虎穴。

因为容器通向外面的地方与嘴巴相似，所以，口可以引申指容器与外面相通的部位，如瓶口、井口。也可以引申指出入的通道，如港口、路口。“山有小口，仿佛若有光”（晋·陶渊明《桃花源记》），这里的“小口”是说山上有个小出口。

村 晚

［宋］雷震

草满池塘水满陂（bēi），山衔落日浸寒漪（yī）。

牧童归去横牛背，短笛无腔信口吹。

【作者】雷震，出生年月和事迹都无法查考，宋宁宗嘉定年间进士，其诗以《村晚》最为有名。

【译文】长满青草的池塘里池水丰盈，远山衔着落日倒映在波光粼粼的水中。牧童横坐在牛背上回家了，手拿短笛随意吹着不成调的曲子。

【鉴赏】诗人围绕“村晚”二字落墨，一下子就把读者引入到悠然恬静的乡村生活中，抒发了诗人对平淡淳朴的乡村生活的喜爱和赞美之情。

前两句诗人围绕着池塘写景：青草、池塘、远山、落日构成了一幅宁静优美的乡村生活的图景，色彩绚丽，形象鲜明。两个“满”字，写出了夏季池水充沛、水草茂盛的生机场面。“衔”字运用拟人的手法，点明时间是日落西山的傍晚，“浸”字写出远山和落日倒映在水中，别出心裁，生动形象。

后两句展示了一幅牧童骑牛晚归图，与前面的恬静相比，这两句写得更加生动活泼。“横”字表现出牧童的随意自在、调皮可爱，“信口吹”写出牧童吹笛子的随心所欲、无拘无束。通过这样的描写，把牧童调皮天真的神态生动地展现在读者面前。

博士喵
赏古诗

听时有，看时无，
哭时有，笑时无。
古时有，今时无，
凉时有，热时无。

谜底：口

汉字乐园 **与口有关的汉字**

中

甲骨文像一面高高竖起的大旗，中间部分（ ）像旗杆，上下部分的 像大旗上的飘带，中间的“口”（ ）表示“中间”之意。本义是中心。

舌

金文像一个人张开口（ ）伸出舌头（ ）的形状，舌头上的四点（ ）像口腔里面的唾液。本义是舌头。

谷

甲骨文和金文的上部是水流（ ）的形状，下部是水的出口处（ 、 ），表示水流从山洼里涌出。本义是两山之间的水流。

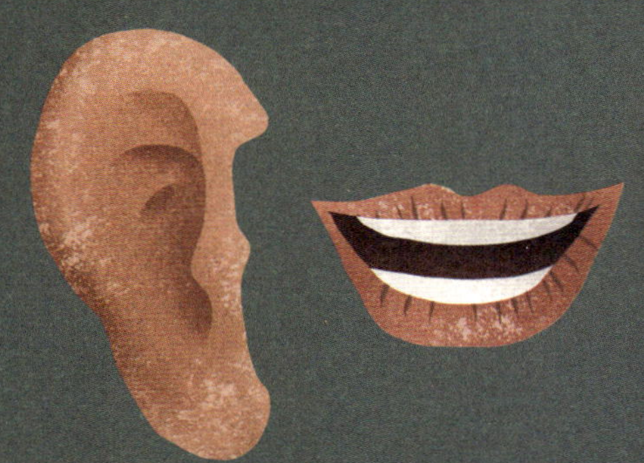

听（聽）

甲骨文和金文都是用一个口（ ）表示说话，用一只大耳朵（ 、 ），表示听话。本义是用耳朵接受声音。

唯

甲骨文的右边像一只鸟（ ，隹），表示读音；左边是一口（ ）字，表示与说话有关。本义为应答的声音。

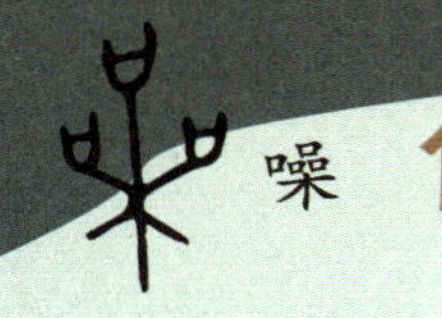

噪

你会玩吗？

答案：金文像一棵树（ ）上有三只鸟用口（ ）鸣叫，表示一群鸟在枝头上鸣叫。本义是群鸟鸣叫。

博士喵讲故事

“口舌”这个故事与汉代的谋臣张良有关。

刘邦称帝以后，非常宠爱戚夫人，发誓要废除太子刘盈，改立戚夫人的儿子赵王为太子。太子刘盈的母亲吕后得知这个消息后非常惊慌。有人劝吕后的哥哥去找皇帝的宠臣张良想办法，张良无奈地说，现在天下已经平定，即使有一百个像我这样的大臣去劝说皇帝，也“难以口舌争也”，意思是说，这件事情很难用言语去规劝的。

“口舌”原来指言辞或话语，后指误会或纠纷。

一百二十五

一人悲号落眼泪

kū

哭

基本汉字中的第 125 个字

甲骨文 金文 篆书 隶书 楷书

哭是一个会意字，读作 kū。甲骨文的字形非常有意思，中间像一个头发蓬乱的人（ ），左边一个口字，右边一个口字，两个口字合在一起组成的这个字“吅”读 xuān，表示人痛苦时高声呼喊的样子。“哭”的本义是因为悲痛而放声大哭，如哭喊、哭泣、痛哭流涕。“猫哭老鼠——假慈悲”是一句歇后语，比喻人假装可怜。“鸟去鸟来山色里，人歌人哭水声中”（唐·杜牧《题宣州开元寺水阁阁下宛溪夹溪居人》），意思是说，天空的鸟儿在景色优美的山中飞来飞去，宛溪两岸百姓的歌唱声和哭泣声掺合在流水声中。

后指因为悲伤或者激动而流泪，如听到获奖的消息，他激动得哭了。

春 愁

［清］丘逢甲

春愁难遣强看山，往事惊心泪欲潸。

四百万人同一**哭**，去年今日割台湾。

【作者】丘逢甲（1864—1912），字仙根，号蛰庵，祖籍广东嘉应州镇平县（今广东蕉岭）。晚清爱国诗人、教育家、抗日保台的义勇志士。积极在台湾的台南和嘉义教育新学，支持康有为、梁启超的维新变法。后参与同盟会组织的黄冈起义等革命活动。

【译文】春天的忧愁难以排遣，我强打精神向远山眺望；想起往事就让我心惊泪流。台湾的四百万同胞一起大哭，原因是去年的今天清政府把台湾割让给了日本侵略者。

把○中的字填上，并说一说加拼音词的意思。

痛(tòng)○(kū)❶→哭诉→诉(sù)○(shuō)❷→说明→明(míng)○(bai)❸→

白○→天色→色(sè)○(cǎi)❹→彩霞→霞(xiá)○(guāng)❺→

光(guāng)景(jǐng)❻→景致→致意→意(yì)○(si)❼→思想→

○(xiǎng)法(fǎ)❽→法○→网络→

❶ 悲痛地大哭。
❷ 带感情地说。
❸ 内容、意思等使人容易了解。知道；了解。
❹ 颜色。
❺ 阳光穿透云雾射出的彩色光芒。
❻ 风光景物。
❼ 语言文字的意义；思想内容。
❽ 思考的结果；意见。

答案：哭、说、白、天、彩、光、思、想、网

双眼好似两张口，
下面卧着一只狗；
不知何人造此字，
年年月月把泪流。

谜底：哭

一百二十六

心在左边乐开花

kuài

快

基本汉字中的第 126 个字

篆书　隶书　楷书

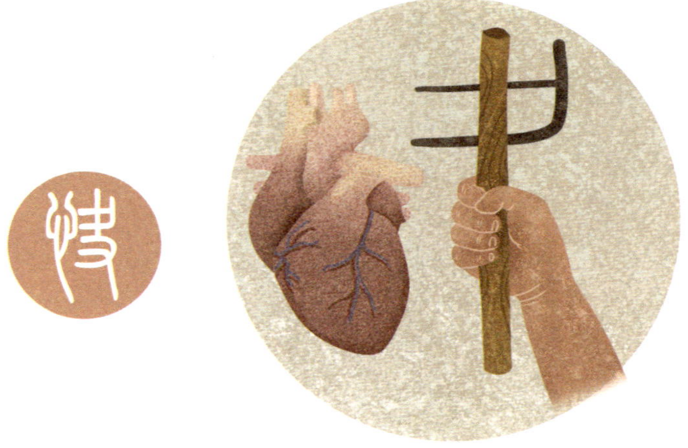

当你高兴的时候，你会说“我很快乐”，其中的**快**是一个形声字，读作 kuài，本义是高兴、痛快，如愉快、大快人心、拍手称快。

快可以用作形容词，指速度高，做事所费的时间短，与“慢”相对，如快车、快速、快马加鞭。“快磨三尺剑，欲斩佞（nìng）臣头”（宋·黄中辅《满庭芳》），意思是说，快点把刀剑磨好，我要斩杀奸臣的头颅，淋漓尽致地表现了诗人对逢迎巴结之人的仇恨。

快也可以形容刀、剪等锋利，如这把剪刀很快。“焉得并州快剪刀，剪取吴淞半江水”（唐·杜甫《戏题王宰画山水图歌》），诗人杜甫非常欣赏画家王宰的这幅画，所以他巧用东晋画家顾恺（kǎi）之的典故，把自己比作观赏顾恺之画作的索靖，不由地惊叹道：不知道画家王宰从什么地方弄来一把锋利的剪刀，把吴淞（sōng）的江水剪了出来。这联诗赞扬了王宰这幅画作的巨大艺术感染力。

马诗二十三首（其五）

［唐］李贺

大漠沙如雪，燕山月似钩。

何当金络脑，快走踏清秋。

【作者】李贺，字长吉，福昌（今河南宜阳）人，中唐浪漫主义诗人。他的诗充满了浪漫主义色彩，想象奇特，文辞瑰丽，有“诗鬼”之称。

【译文】广阔无垠的沙漠在月光照耀下就像铺上了一层皑（ái）皑的白雪。如钩的弯月照在连绵的燕然山上。何时才能受到皇帝的赏识，给我这匹骏马佩戴上黄金锻造的辔（pèi）头，让我在秋天的战场上纵横驰骋，立下汗马功劳呢？

【鉴赏】诗人以骏马自喻，表明自己也想像骏马一样，驰骋疆场，建功立业。

一、二句描写边疆战场的景色：连绵的燕然山山脉上空，挂着宛若银钩的弯月，映照着苍凉的大漠，沙子仿佛铺上了一层银白的雪。诗人运用“如雪”“似钩”这两个形象生动的比喻，为读者勾勒出一幅神奇瑰丽的大漠边疆图。

三、四句诗人借马抒情：什么时候才能给我这匹骏马佩戴上黄金打造的辔头，让我驰骋在秋天的沙场上呢？“何当”两字领起设问句，“踏清秋”三字，声调铿锵（kēng qiāng），搭配新奇，形象生动地写出骏马轻捷矫健的雄姿，由此可见作者“炼字”的功力非同一般。

疾者言疾。

（打一带“快”字的成语）

谜底：快人快语

成语园

快

kuài mǎ jiā biān
快马加鞭
比喻快上加快、好上加好。

kuài rén kuài shì
快人快事
形容爽快人办爽快事。

pāi shǒu chēng kuài
拍手称快
形容仇恨或公愤得到消除，正义得到伸张后的快意。

kuài rén kuài yǔ
快人快语
形容人性格直爽，说话爽快。

xīn zhí kǒu kuài
心直口快
形容性情爽快，有什么说什么。

yǎn jí shǒu kuài
眼疾手快
形容行动敏捷。

xiān dǔ wéi kuài
先睹为快
形容盼望看到某一事物的急切心情。

dà kuài rén xīn
大快人心
使人们的心里感到非常痛快。

博士喵
讲故事

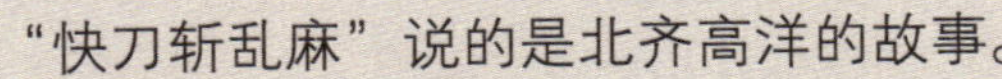

“快刀斩乱麻”说的是北齐高洋的故事。

北朝人高欢有六个儿子。有一天，他想考考儿子的智力，给每人发了一堆乱麻，看谁能够第一个理出乱麻的头绪来。大儿子一根一根慢慢地抽来抽去，却越抽越乱。小儿子把乱麻分成两半，然后再一分为二。只有二儿子高洋不假思索，拿出一把刀来，利索地砍了下去，然后把砍短的麻一缕一缕整理起来，很快就把乱麻理出头绪来。高欢问他为什么要这样做，他说：“快刀斩乱麻。”

后来高洋建立了北齐政权，做了北齐的皇帝。

“快刀斩乱麻”现比喻用果断的办法迅速解决复杂的问题。

一百二十七

像棵麦子垂着穗 后成“去”的反义词

lái

基本汉字中的第 127 个字

甲骨文 1

甲骨文 2

金文 1

金文 2

大篆

小篆

隶书

楷书

一说到来字，大家就想到“来去”的“来”。其实，来是一个象形字，读作lái，它的繁体写作來。甲骨文、金文的字形像一棵小麦的形状，本义是小麦，当名词用。“贻我来牟，帝命率育，无此疆尔界”（《诗经·周颂·思文》），意思是说，后稷王不分彼此和疆界，把小麦赏赐给我们，让我们能够生活下去。

后假借为来去的“来”，当动词讲，如过来、来客、来去自由。“有朋自远方来，不亦说（yuè）乎？”（孔子《论语·学而》），“夜来风雨声，花落知多少”（唐·孟浩然《春晓》），“春色满园关不住，一枝红杏出墙来”（宋·叶绍翁《游园不值》），以上诗文中“来”都是动词。

后用于指时间，表示时间的经过，如从来、别来无恙。“向来枉费推移力，此日中流自在行”（宋·朱熹《观书有感》其二），“向来”就是从来、一向的意思。

三衢（qú）道中

［宋］曾几

梅子黄时日日晴，小溪泛尽却山行。
绿阴不减来时路，添得黄鹂四五声。

【作者】曾几，字吉甫，自号茶山居士，南宋诗人。他对江西诗派的继承与创造做出了重要贡献，开一代诗风之先河。他的诗多是抒情遣兴之作，风格淡雅。

【译文】梅子成熟的时节天天都是晴天，我乘着小舟游到小溪的尽头再走上山路。山路上绿树成荫，与来时一样浓密；深林中传来几声黄鹂（lí）欢快的鸣叫声，使得森林里比来时更加幽静。

【鉴赏】首句点明了出行的时间。“梅子黄时”说的是江南的梅雨时节（黄梅天），本应该阴雨连绵，却难得有“日日晴”的好天气。诗人的心情也像这天气一样明朗轻快，因此才会兴致勃勃地去林间游玩。接着写诗人的行程。“泛”说明诗人是乘船游玩的。“却”是一个转折，诗人先乘船到了水流尽头还觉得游玩不尽兴，于是就弃船上岸，继续徒步游玩。

三、四句写诗人在山中行走时看到的景致。黄鹂的啼鸣更加衬托出山林的幽静宜人，渲染出诗人轻松舒畅的愉悦心情。

诗人运用轻松明快的笔调，把一次平淡无奇的行程写得生动有趣，描绘了浙西山区初夏的秀丽景色，表现了诗人愉快欢悦的心情，让读者领略到平淡生活中的情趣。

田

苗

春天来（ ）到了。田（ ）里的禾苗（ ）长高了，小麦（ ）开始抽穗了，大麦开始收割（ ）了。农民（ ）伯伯给禾苗浇水（ ）施肥。

割

春天来到了

民

水

来

一百二十八

发长拄杖年纪大

lǎo

基本汉字中的第 128 个字

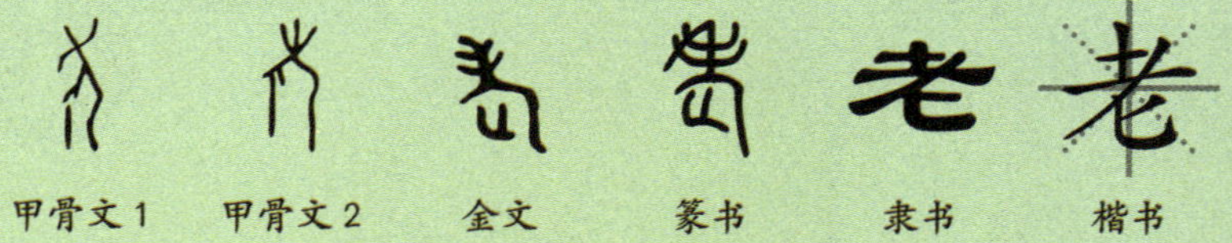

甲骨文 1　甲骨文 2　金文　篆书　隶书　楷书

“老与病相仍，华簪发（fà）不胜（shēng）”是唐代诗人白居易《衰病》中的诗句，说的是他年老体衰，头发脱落，用来束头发的簪（zān）子都插不住了。其中的老是一个象形字，读作 lǎo，甲骨文像一位拄着拐杖、长（zhǎng）着长头发的老人的形状。本义是年岁大，如年老、老当益壮、老马识途。“少壮不努力，老大徒伤悲”（汉乐府《长歌行》），“老骥（jì）伏枥（lì），志在千里”（汉·曹操《龟虽寿》），以上诗句中，“老大”“老骥”中的老，意思都是年岁大。

老可以当时间长、有经验讲，如老厂长、老朋友、老字号。“老妻画纸为棋局，稚子敲针作钓钩”（唐·杜甫《江村》），其中的“老妻”指结婚很久的妻子，而不是说妻子年龄大了。

回乡偶书

［唐］贺知章

少小离家老大回，乡音无改鬓毛衰。
儿童相见不相识，笑问客从何处来。

【译文】年少时离开家乡，年老时才返回，尽管家乡的口音没有改变，但是两鬓的毛发却早已稀疏斑白。小孩子见了我都不认识，笑着问我这位客人从什么地方来。

【鉴赏】贺知章三十六岁考中进士去长安做官，八十六岁告老还乡，这时，距他离乡已经五十多年了。诗人回乡时心中感慨万千，于是写下了这首诗。题为“偶书”，就是说诗人并不是刻意作诗，而是把回乡后感受最深的事和想法记录下来。

一、二句诗人用直白的语言概括了离开故乡多年，现在返回故乡，心中生发出的无限感慨。诗人把“少小”和“老大”、“离家”和“回”、“无改”和“衰”这些具有对立意义的词组织在一起，表现了诗人对家乡的热爱和眷恋：虽然离家多年，头发稀疏斑白，但是乡音却丝毫没有改变。接着，诗人突然一转：本以为回到家乡，家乡还是记忆中的模样，但没想到却是“儿童相见不相识，笑问客从何处来”。儿童无心的随意一问，竟然让诗人心中生发出无限的感慨。自己曾经是家乡的主人，没想到，在家乡儿童的眼里，自己却成了“客人”，至此，诗人的心中必定充满了无限的感伤。

博士喵
赏古诗

新同学很少发言。

（打一带“老”字的成语）

谜底：老生常谈

词语园

老

lǎo jiā
老家
在外地成立了家庭的人称故乡或在故乡的家庭。

cāng lǎo
苍老
形容面貌、声音等显出老态。

gǔ lǎo
古老
经历了久远年代的。

shuāi lǎo
衰老
年老精力衰弱。

lǎo xiāng
老乡
同乡。

lǎo shī
老师
传授知识、技艺的人。

lǎo hǔ
老虎
虎。借指犯有大量盗窃、贪污、偷漏税罪的人。

lǎo tài tai
老太太
对年老妇女的称呼。

lǎo yé ye
老爷爷
对年老男子的称呼。

lǎo shì
老是
总是。

lǎo shi
老实
诚实。

lǎo rén
老人
泛指老年人。

“老妪（yù）能解”说的是唐朝诗人白居易的故事。

白居易一生创作诗歌二千八百多首，他认为诗写得越通俗越好，这样人们才能够理解。

有一次，白居易家中的老仆人从集市回来，向他讲了一个故事：大将军抛弃了他的结发妻子，从妻子手中夺走了两个儿子，妻子伤心地哭倒在大街上。白居易根据这个故事写成了有名的诗歌《母别子》：“母别子，子别母，白日无光哭声苦……”白居易写完后，把诗读给老仆人听，老仆人有些地方没有听懂，他就反复修改，直到老仆人听懂为止。

一百二十九

弦绷琴架奏美音

lè/yuè

基本汉字中的第 129 个字

甲骨文 1

甲骨文 2

金文 1

金文 2

篆书

隶书

楷书

乐是一个象形字，读作 yuè，繁体写作樂。甲骨文的乐字像丝弦绷在琴架（ 、 ）上的形状，本义是一种乐器，如弦乐。后引申指音乐，如声乐、奏乐、鼓乐齐鸣。“异方之乐令人悲，羌笛胡笳不用吹”（唐·孟浩然《凉州词》），意思是说，身处异地，即使那里欢快的音乐，听起来也让人觉得悲凉，羌笛和胡笳这样悲伤的乐曲更不用说了。

因为音乐能够使人欢喜、愉快，所以引申出愉快、高兴，读作 lè，如乐观、欢乐、知足常乐。“回乐峰前沙似雪，受降城外月如霜。不知何处吹芦管，一夜征人尽望乡”（唐·李益《夜上受降城闻笛》），诗人生动地描写了回乐峰月夜独特的景色，为下面征人思乡做了很好的铺垫。

春日偶成

［宋］程颢

云淡风轻近午天，傍花随柳过前川。

时人不识余心乐，将谓偷闲学少年。

【作者】程颢（chéng hào，1032—1085），字伯淳，世称明道先生。北宋著名理学家、教育家。与弟弟程颐（yí）一起向理学奠基人周敦颐学习，世称“二程”。

【译文】接近中午时分，天空飘着淡淡的云彩，偶尔有一阵微风刮过来；我穿行在花红柳绿的美景之间，不知不觉来到了河边。其他人不知道我此刻内心的快乐，还以为我学着少年的模样忙里偷闲。

博士喵
赏古诗

博士喵
猜字谜

小子戴个大尖帽，张开大嘴呵呵笑；

帽是一撇连竖折，忧愁见它也逃掉。

谜底：乐

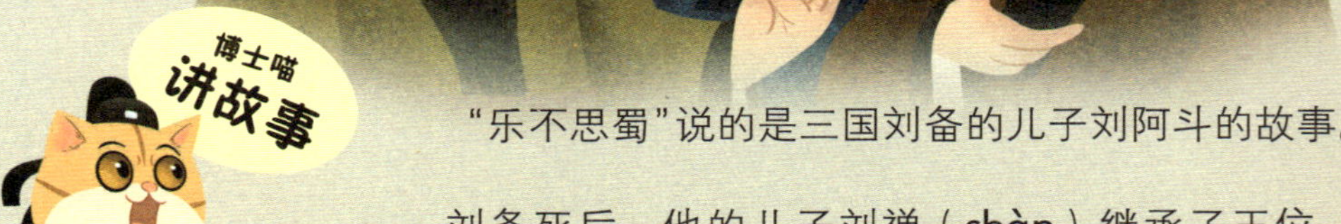

“乐不思蜀”说的是三国刘备的儿子刘阿斗的故事。

刘备死后，他的儿子刘禅（shàn）继承了王位。后来蜀国被魏国所灭，刘禅被封为“安乐公”，迁到魏国的许昌居住。有一天，司马昭宴请刘禅，故意安排刘禅观看蜀国的乐舞，一旁的人看了都非常悲伤，而刘禅看后却手舞足蹈，无动于衷。司马昭故意问刘禅：“你思念蜀地吧？”刘禅回答道：“我在这里很快乐，一点儿也不思念蜀地。”左右的人听后都哈哈大笑起来。

“乐不思蜀”指乐而忘返或乐而忘本。

一百三十

土上分区人居住

lǐ

里

基本汉字中的第 130 个字

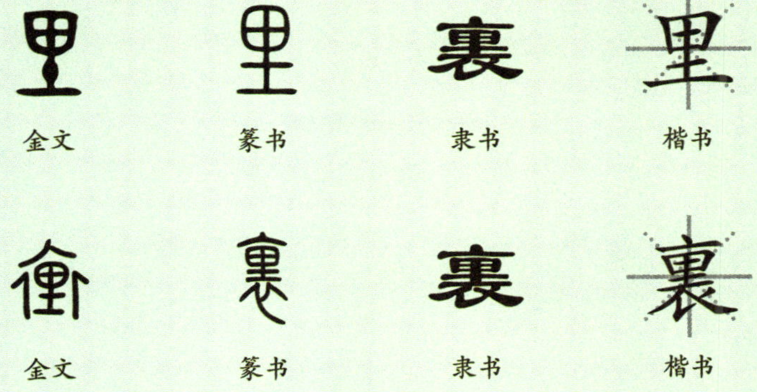

里

“里”和“裏”本来是不同的两个字，后来“裏”简化为“里”。

里是一个会意字，读作lǐ，本义是居住的地方，如乡里、荣归故里。后特指街坊，如里弄（lòng）、邻里。

古代五家为邻，五邻为里（二十五家为一里）。里可以假借为长度单位，一里等于五百米，如万里长城。“欲穷千里目，更上一层楼”（唐·王之涣《登鹳雀楼》），“三万里河东入海，五千仞岳上摩天”（宋·陆游《秋夜将晓出篱门迎凉有感》），以上诗句中的“里”都当长度单位讲。

早发白帝城

［唐］李白

朝辞白帝彩云间，千里江陵一日还。
两岸猿声啼不住，轻舟已过万重山。

【译文】早晨辞别云霞映照的白帝城，一天就能到达千里之外的江陵。两岸猿猴的啼鸣声还在耳边回荡，轻快的小舟已经穿过了重重的山岭。

裹是一个会意字，读作lǐ，本义是衣物的内层、内衣，后简化为“里”，如衬里、被里。泛指里面、内部，与“外”相对，如心里、家里、里应外合。“鸟向檐上飞，云从窗里出”（南北朝·吴均《山中杂诗》），“遥望洞庭山水色，白银盘里一青螺”（唐·刘禹锡《望洞庭》），“君看一叶舟，出没风波里”（宋·范仲淹《江上渔者》），“绿遍山原白满川，子规声里雨如烟”（宋·翁卷《乡村四月》），以上诗句中的“里”都当里面讲。

离边境只五百米。

（打一带“里”字的成语）

谜底：里通外国

“下里巴人”这个故事与楚国文学家宋玉有关。

有一次，楚襄（xiāng）王问宋玉：“先生文采出众，为什么人们却很少称赞你呀？”宋玉不紧不慢地回答说：“我听说，一个歌唱家在郢（yǐng）都（在今湖北荆州）歌唱。开始唱的是楚国最流行的民间歌曲《下里》和《巴人》，这时有好几千人跟着他唱。后来他唱比较高深的《阳阿》和《薤（xiè）露》，跟着他唱的就只有几百人了。当他再唱高雅的歌曲《阳春》和《白雪》时，跟着他唱的仅有几十人。最后他唱起五音六律特别和谐的最高级的歌曲时，能跟着他一起唱的仅有几个人。由此可见，歌曲越是高深精妙，能跟着唱的人就越少啊。人也是这样啊，杰出的人物志向远大，行为高尚，怎能被一般人理解呢？”

这里的“下里”指乡里，“下里巴人”指通俗浅近的文艺作品。